Alfredo Jurado

He nacido mortal

Alfredo Jurado

He nacido mortal

Colección
Dabisse Romero

Primera edición: enero 2025

ISBN: 978-84-129237-8-0

Depósito Legal: MA 35-2025

Impresión y encuadernación: Podiprint

Directora de la colección: Isabel Romero

Diseño y maquetación: Editorial Anáfora

Ilustración de Portada: Alfredo Jurado

Logotipo Colección Dabisse Romero: Aguillen Art

Edita: Editorial Anáfora

www.editorialanafora.com

info@editorialanafora.com

A Lucía, África, Julia y Daniela, mis queridas nietas.

SINOPSIS

Vivir es pronunciar amablemente el nombre de las cosas; todas aquellas cosas que quisimos tener, pudimos contemplar, y pudimos amar. Se entiende que el poeta es un viandante, aquella persona que transita las calles, contempla los lugares, con los pies en la tierra. Siente, ama, contempla; cualidades elementales de todo ser humano.

Cuando ese ser cotidiano consigue acceder a un estadio que sobrepasa la línea de lo periódico, está alcanzando, tal vez sin proponérselo, una línea que le asciende a lo transcendente. Empieza en ese momento a coexistir con un sujeto ausente; comienza un mundo paralelo a su propia realidad. El poeta es capaz de elevar su consciencia sobre lo utópico, comenzar a sentir que existe otra visión paralela, de la que no pueden ser sabedores quienes no han pretendido tal actuación.

Puede así concebir ser el vuelo de un ave, sentir internamente el fluido de una fuente que solfea, morir con cada tarde sobre algún horizonte, alcanzar el espacio que asciende al infinito. Volver al paraíso ya perdido, ser sueño de Morfeo, habitar el jardín del Edén olvidado.

Este ser del que hablamos, podría confundir el amor con dolor. Lo cierto con lo incierto, lo abstracto y lo concreto.

PREÁMBULO

Para Platón, vivir, consiste en alcanzar la forma más elevada del conocimiento. Para él la vida es el proceso natural que lleva a la muerte. La muerte, por tanto, es el momento en que el alma se desprende del cuerpo en el que habita.

Según Santo Tomás de Aquino, la vida es un don que nos da Dios; es la búsqueda de lo personal orientado a alcanzar la transcendencia. La muerte es el instante que pone fin a la vida; es la circulación de nuestro ser hacia otro estado, en el que perdura el espíritu.

En la filosofía de Heidegger, el hombre es un ser buscador de Dios; la vida es el horizonte transcendental del ser humano; la muerte, como contraposición, es el acontecimiento esencial donde finaliza la existencia. La muerte es un misterio inherente a la vida; significa el momento de dejar de existir. Después de la muerte ya no queda nada.

1. HE NACIDO MORTAL

Como en un nuevo Génesis, redimimos adanes,
también templos gloriosos de la inmortalidad.

Carlos Clementson.

En tanto transitamos este espacio

Pude manifestarme
en nombre de quien quiso
hacernos sabedores de las cosas,
hacernos posesores de palabras,
los signos arbitrarios
que nos han sido dados,
para aquel leve tránsito de tiempo
por el que discurrimos.

Y supimos del mundo, gozado hemos por ello,
las cosas que nos hacen diferentes de un todo;
aquello que nos dota en consecuencia
con poder acceder al cénit deseado,
alcanzar la verdad
            más cercana al espíritu.

Eterno

Allí, donde la bruma del mar del universo,
sobre las aureolas más lejanas,
bogaremos el espacio sin luz;
por los acantilados siderales
de un ámbito infinito;
allí, donde accedieran las almas desterradas,
transitarán las auras,
unidas al tejido luminoso
de presencias australes.
Extraviados, perdidos, en el espacio inerme,
a la espera del fin de las tinieblas;
en la más amplia estancia que nos ofrece el cosmos,
ya no se hará de día para emprender regreso,
no será pues posible comenzar nuevamente.

Impronta

Igual que si viviésemos
bajo el triste cobijo de algún sueño,
todo lo inmaterial nos anexiona
a su esencia dispersa;
sometidos estamos al influjo
de un vendaval interno que nos agita el ser.

Estamos abocados, a la causalidad
que la vida conlleva, hacia el triste cobijo
de los seres arbóreos, que nos ofrecen sombra,
pero que a duras penas nos protegen de lluvia.

La racionalidad que existe en nuestra mente,
nos hace percibir que somos transeúntes,
acervos peregrinos que cruzar un desierto;
moriremos de sed, perdido ya el aliento,
pues no existe el oasis que nos preste cobijo.

Acción de Gracia

Ocurriera que el hombre
para este mundo arcano,
de complacencia fácil,
urdiera en el propósito
de profanar secretos
del alma en la que habita.
Volcará su objetivo
por alcanzar la fe,
que al parecer existe
en su mundo interior.
Olvida sin embargo,
que su razón de ser,
es la fuerza infundida
que lleva a la fortuna
del amar y ser amado.

Lejanía

Bastaría sentir la lejanía
por el amplio horizonte, igual que la perciben
los ángeles alados, desde el Segundo Cielo;
logrado aquel espacio,
después de haber vencido las alturas.

Sentirla en nuestros ojos que se encuentran
unidos a la tierra, sin poder transcender
al cáliz del espacio deseado.

Bastaría sentir la luz del sol,
del color del invierno amable a la mirada;
confortar nuestro rostro
ya cansado en el tiempo, tal vez envejecido,
semejante al declive de la flor
de un gladiolo que agosta su belleza.

Bastaría sentir cómo las horas
transcurren su silencio, y calan hasta el alma
de los días vividos, dejado en nuestro ser
un trasluz de esperanza.

El agua de la alberca

Alcanzada la gracia de aquella libertad
que nos lleva de nuevo hasta el amanecer,
nos sentimos del agua, pues nacemos brotados
del chorro de una fuente, que pronuncia
un himno a la mañana.

Emprendemos un vuelo cada día,
como lo hace la alondra,
sobre un espacio íntimo,
unido a la querencia;
conseguido con ello sentirnos abocados
a los campos del trigo, como el anacoreta
que buscara vivir la soledad.

Quizá como los ánsares, volaremos el cielo,
dibujaremos líneas sobre algún horizonte;
el sol nos predispone a diseñar un vuelo
sobre el espacio extenso,
elevarnos de nuevo
sobre aquella distancia.
No sé si alcanzaremos,
las serenas alturas con horrísonos cantos,
como lo hacen los ánsares;
tal vez como las risas estridentes,
de intrépidos muchachos que se entregan al baño,
y sueñan con ser cisnes.

Salmodia

Alcancemos el júbilo,
en su más alto grado,
démonos un abrazo de reconocimiento,
y firmemos la paz;
pensemos que con ello respaldamos
toda la voluntad
inmanente al espíritu.

Liberemos el alma de aquel profundo abismo
donde existen tinieblas; elevemos los cánticos
de júbilo y concordia, como agradecimiento
al día y sus albricias.

Bastaría sentir la lejanía,
sentir la libertad del corazón,
después que hubimos sido dados en libertad
de las viejas costumbres que encarcelan
aquellos, nuestros actos.

2. GÉNESIS

Tu sonrisa vendrá como una lluvia
a quererme de cerca, y a empaparme las manos
de suavidad celeste.

Juana Castro.

Trascendencia

… Y cuando ya agotado en este espacio,
en esta dimensión en la que somos,
habrás llegado en mí cierto propósito;
allí la luz del día me aboca hacia el destino,
en este medio intrínseco que me orienta a la fe;
este latido interno que me inunda,
desde este corazón que me presta su flujo,
me hace correr la sangre, vivifica mi cuerpo,
me llena de la vida.

Se dispersa en un lejos la dimensión que habito;
nuevamente comienza a existir magnitud,
y así poder de nuevo comenzar
las ganas de vivir, cada mañana.

Luz

Que se muestre la luz,
con todo su prodigio,
que se muestre;
que ahonde en nuestros ojos,
hasta alcanzado el fondo,
y llamémosle día;
que así para los ojos
se alcance la visión,
que transcienda el espacio,
—el más extenso espacio—.
Sepárese la luz de la tiniebla,
pues ya no habrá lugar en la consciencia,
si tal obscuridad no nos deja sentir
del color ni las formas.

Esplendor

Donde no existe nada, solo existe el vacío;
no posibilidad de ejercitar sentidos,
para que se decante plenamente
en nuestra voluntad,
la concreción exacta de contemplar
todo aquello que amamos.

No podrá constatarse la existencia de un limbo,
porque la inanición podría limitarnos
hasta el fallecimiento de nuestro corazón,
detenido en su sístole.

Nunca podrán los nimbos escapar del espacio,
restañar la negrura desde la que transitan,
como aleves navíos que navegan galaxias.

No sé si allí podría ser posible
la cuarta dimensión de un espacio accesible.

Tiniebla

Con una rotatoria de negror absoluto,
se dispersa la mente;
nuestros ojos no alcanzan capacidad de ver,
donde las aureolas puntualizan su límite,
en el caos etéreo del complejo universo;
no podremos ser nada, nada será posible,
no habrá espacio habitable
detrás de las corolas luminosas.
No habrá posible atmósfera donde poder latir,
tampoco los sentidos podrían concretarse,
para aquel amplio abismo.

Creación

Que el agua se separe de la tierra,
que brillen las lumbreras
en la extensión extensa de todo el firmamento;
que abunde la foresta, que los pájaros vuelen
los horizontes amplios;
que se formen los ríos, las lagunas, los mares,
como una bendición sobre la faz
de este legado inmenso que nos fue encomendado.
Que se enjambren las aguas con los peces,
que aparezcan adanes para habitar los valles;
que cultiven los campos, que accedan al Edén.

Revelación

A veces las palabras
no pueden expresar
toda la inmensidad
de nuestros sentimientos.

Nos sentiremos solos,
inefables acaso,
para alcanzar apenas
cierta revelación
que nos dé travesía.

Seres incomprendidos
como el ángel maldito,
que hubo sido arrojado
desde su paraíso.

Una vez más afirmo,
que somos simplemente
partículas inermes,
umbral de sentimientos,
abducidos y errados,
por un viento gregal.

Condena

Nuevamente el Invierno
llegado hasta nosotros;
a los muros del norte,
que acotan nuestra vista;
a la bruma expandida
cuando la tarde acaba;
a la yedra que trepa
por el muro del sur;
al silencio ejercido,
por la ausencia absoluta
del canto de los pájaros.

Que nadie me condene
si aparento ser débil,
que nadie me flagele
con látigo la espalda,
si es que fui polisón
de una aurora perdida;
atravesé los ríos,
batida su corriente.
Me atreví a navegar
—pues así me propuse—
navegar el remanso
de la laguna Estigia.

Vanidad

No entiendo la razón por la que pueden
sentirse posesores absolutos
de la buenaventura, aquellos seres
inefables a Dios; dueños en el espacio
de tal gracia otorgada;
el lugar codiciado para la vida eterna.

Quién podría asestarles
un dolor del flagelo con la fuerza de un látigo,
quién con tanta soberbia.
Quién, en tal vanagloria.

Negación

Un no para los árboles consumados en llamas,
no pájaros de niebla por el aire infinito,
no de las aureolas que agotan universos,
no del *Deuteronomio* que nos obliga leyes.
Tal vez no tabernáculos desde un supremo estadio
donde grandes profetas nos ofrecen ejemplo.
No aquellos que transgreden
el espacio infinito.
no a las constelaciones más lejanas,
que forman las galaxias.

Tal vez en aquel cielo, en el más alto espacio,
donde habitan los dioses; allí donde los salmos
entonan alabanzas a los seres celestes;
el elevado Cielo donde glorificamos
la más alta Deidad del Universo.

Betania

Llegaba hasta la puerta, ya cerrada,
cuando el día agotaba la luz en la colina;
siete, ya, las jornadas a lomos de una recua.

Siete jornadas largas, sometidas
al temible Simún que me llenaba
de arena la mirada.

Nadie abrió los portones
para darme cobijo, procurar mi descanso;
grande el agotamiento acumulado,
por el rigor sufrido en el largo camino.

Me sentí desolado
como el niño que pierde de sus dedos,
aquel globo con helio.

La noche hubo caído, igual que una gualdrapa;
lo fue cubriendo todo. Me rindo por cansancio,
del alto abatimiento, cubriéndome la espalda
para evitar el frío.

Delante de mis ojos las estrellas se elevan;
el hambre se mitiga con los dátiles,
bebiera hasta saciarme del agua cristalina
—que conservo en un odre—
extraída del pozo de Samaria.

Oasis

Tan solo protegido para el frío
por una piel curtida,
que a duras penas puede cubrirme de intemperie,
pude pasar la noche;
percibí cómo el frío me invadía;
a duras penas pude entregarme en el sueño.

Quién me dijo que un día sería bien llegado,
recibido con salvas y atabales,
con palmas amarillas, con ramas del olivo.

Quién me dijo que entonces, podría ser nombrado
el hijo predilecto de mi estirpe;
quiénes recibirían mi llegada con hosannas de júbilo;
y dónde acomodar aquel ajuar, que aunque muy leve,
arrastré desde lejos en los lomos de acémilas.

Horizonte

Atardecido llega el silencio absoluto,
hasta el lugar amado al que regreso;
tan sólo una palmera dibuja el horizonte
igual que una deidad para los ojos.
igual que un atavismo descrito en la distancia.

Pero Cafarnaúm quedaba lejos,
imposible seguir sobre la arena
que acumula el desierto;
me fue vaticinado como meta.

Ya no vendrá la lluvia que traiga los torrentes,
y colmate el estero donde nadaban peces;
tan solo un fuerte viento que mueve las arenas
para cegar los ojos, nos anuncia presencia.

Me dijeron un día que alguien que persevera,
alcanzará la gracia del reino más preciado;
el reino de la gloria, donde nadie se siente
domeñado del mal; donde ya no habrá llanto,
no del crujir de dientes.

Nirvana

Algún día leyera aquel proverbio indú
profundo como el pozo de las aguas más hondas,
sagrado como el rezo de una oración en Sánscrito.

No habré alcanzado puerto con la barca,
pues no habré decidido zarpar en tal deriva,
puesto que son la olas de las aguas
las que habrán evitado partir desde la orilla;
no podré navegar aquellas aguas,
con la fuerza interior que me fue concedida,
manejar bien el remo que nos lleve
al Nirvana de Brahma, con el que venceríamos
las más duras celliscas del mar o del desierto.

Alianza

Nos hablará del mundo,
de la debilidad de los sentidos
que velan nuestra mente,
hasta los aledaños de un abismo;
cobijado en el atrio del espacio celeste,
me resisto a partir,
ya que ahora se oculta por un nimbo.

Mis cabellos se entregan, inevitablemente,
al embate del aire; los ojos no ya pueden,
mantener la mirada; ciegos como las aves
que vuelan contra el Sol en sus trayectos largos.

Seguiré ciegamente
buscando aquella tierra prometida
donde asentar mi estirpe;
allí donde la zarza da sus frutos,
donde el ganado pueda multiplicar su especie;
donde el pan y los peces sirvieron de alimento,
tal vez donde las vides nos den sagrados vinos.

3. RESURRECCIÓN

'

En Él está la vida,
la vida era la Luz.
La Luz nace en tinieblas.

Evangelio según San Juan.

La leyenda del tiempo

La madurez del tiempo, me ha curtido
lo mismo que el verano va curtiendo
los troncos de los árboles.

Aquel niño expectante se iría haciendo el hombre
lo mismo que maduran las drupas en otoño,
del copudo azufaifo.
Le nace de los ojos el vigor, la fuerza de los brazos
del hombre ejercitado con las redes de pesca.

Dónde quedó el muchacho
que observara en los pájaros
si el invierno traía la prospección de lluvia;
aquel adolescente de mirada expectante,
con el rostro encendido de amor para la vida.

Siempre será diciembre *(in memoriam)*

Las mañanas de lluvia —ahora que los árboles
van quedando desnudos— me acercan la tristeza
de sus hojas que mueren; me traen la desdicha
de las ramas colmadas de tan rotunda entrega.

Te recuerdo presente; arreglabas mi abrigo
de lana azul marino —con botones dorados—
me lo ajustas al talle.

Es tu ausencia en nosotros, aquella ausencia honda,
inabarcable y triste, que nos dejaba solos
aquella madrugada del invierno.

Te escapaste hacia el Eos dejando soledad,
Igual que aquella barca que se entrega a la mar
y nunca ya regresa.
Te alejas en el tiempo —mas... viva en el presente—
pues jamás en distancia, podrás estar más cerca.

Es diciembre en el campo, diciembre es el recuerdo,
diciembre es la ventana, y es el remanso lento
que nos dejó tu ausencia.
Diciembre;
siempre será diciembre.

Pentecostés

Tal vez fuera Betania, mi amable paraíso,
donde fuimos hallados; pues el amor nos hizo
sin más, la breve página donde una carta amable
estaba rubricada de esperanza.

Aquella casa cálida con la huerta más fértil,
atesora en las azas, recuerdos imborrables;
allí crecen racimos de las zarzas tupidas,
con las moras retintas de tan jugosa carne;
repletas las comportas, alzadas al desván
con melones maduros.

El lugar circundado por membrillos en fruto,
panochas del lampazo, las ristras del maíz,
nos acercan albricias del final de Septiembre;
allí espesa la fronda con campo de los juncos,
brotado en la rivera de la acequia.

No nos sintamos solos, nunca desamparados,
aunque la triste lluvia nos cierra el horizonte,
pues nuestra casa orienta sus ventanas más amplias
hacia el Pentecostés de una liturgia antigua;
porque la tarde llueve largamente,
y sus gotas digitan.

Anacoreta

No podría afirmaros que aspiro a la cordura,
no, a la benevolencia de vuestros corazones,
ni a ser savia del árbol, que recorre su tronco.

Se van cicatrizando las heridas,
se va alzando la luz por el levante;
se desprende del monte como una sensación,
se desliza despacio rodándola pendiente
al horizonte amable; dará paso la paz.

Como un anacoreta, caminaré despacio,
me perderé en la trama,
emprenderé vereda por la que transitar,
y como una vigilia que me alegra los ojos,
ejerceré obediencia a mi consciente.

Ante el espejo

Pudo haber sido al alba,
cuando cantan los gallos,
cuando se transparentan a la luz
las copas de los árboles; esos seres solemnes
que religiosamente ofrecen cada noche
su culto a las estrellas.

Cuando el monte define su perfil a lo lejos
el alba lo practica con su abrazo.
Se aclaran los caminos, nos incitan
al punto que queremos alcanzar.

Con las manos ejerce la ablución en el agua;
un rostro de muchacho despeinado,
contemplaba su cara en las aguas del pozo;
alguien les dijo un día, que allí habita algún ángel.

Virtud

Sepamos nunca hablar en la largueza,
abramos una tregua ante la cólera,
logremos acertado el proceder
para que nuestra lengua nos mordace
de la palabra hiriente.
Procuremos acaso virtud en el silencio
ya que en ello el asceta su perfección consigue.

Se dice que la vida ante la muerte
sustenta su canal desde el silencio,
pues es en la palabra donde habita
la gumía punzante que nos lacera el alma.

Musgo

Y venderé mi casa, escaparé hacia el norte,
me orientaré en los muros,
que indican la presencia
del musgo en la caliza de la tapia,
e iniciaré el camino que quiero comenzar.

Algún oniromante me aconseja
que debiera observar las aureolas
que tejen las galaxias;
en dirección contraria de las aguas del río
pues su cauce se orienta hacia otra dimensión.

El cielo iluminado por la luna creciente
se oscurece a mis ojos;
da negrura a la carpa de las constelaciones.
Bajo su protección encomiendo mi suerte.

Obsequiaré riquezas que me dan bien estar:
los tapices que cubren los muros de mi casa,
los tarros de la miel, los manojos de dátiles,
los costales de sorgo, los capazos con uvas.
Escaparé hacia el norte, como digo,
emprenderé vereda que me lleve al destino.

Lo inasible del tiempo

En este desvarío
que los días contienen
iré remando al aire,
navegaré solsticios.
Buscaré ciegamente
el agua que me calme
la sed acumulada.
Prenderé con los dedos
lo inasible del tiempo.
Accederé al lugar;
en él me quedaré
no sé por cuánto tiempo.

Maná

Han venido las lluvias
abundantes rodaron
la ladera del monte;
han colmado las zubias
desbordaron acequias
inundan la vertiente.

Las arenas y el limo
se alivian de la sed.
Reverdece el carrizo,
los brotes de la juncia;
maduran las espigas.

ÍNDICE

Número 9 de la
Colección Dabisse Romero
bajo el cuidado de
Isabel Romero,
directora de la colección.
Se acabó de imprimir en Málaga,
en el mes de enero del año 2025,
bajo el sello editorial de **Anáfora**.